To:

je t'aime

MY DREAMS

XOXO

Я люблю тебя

you are
my
sunshine

For you

you are
the
best

you are loved

Ti amo

Be
Mine

I love
YOU
. to the .
MOON
AND
back

Love

Ich liebe dich

I
love you
more
than all
stars
in the sky

To My Sweet
Grandmother
Happy Valentine's
Day
Coloring Card

AFGREKI
EU TE AMO
Aishiteru
MILUJI TĚ
T'estimo Je t'aime
Te dua VOLIM TE
Ľúbim t'a
Te ubesk
Kocham Ciebic
I love you
Ti amo
S'agapo
Mi amas vin Bahibak
Ich liebe dich
M'bi fe

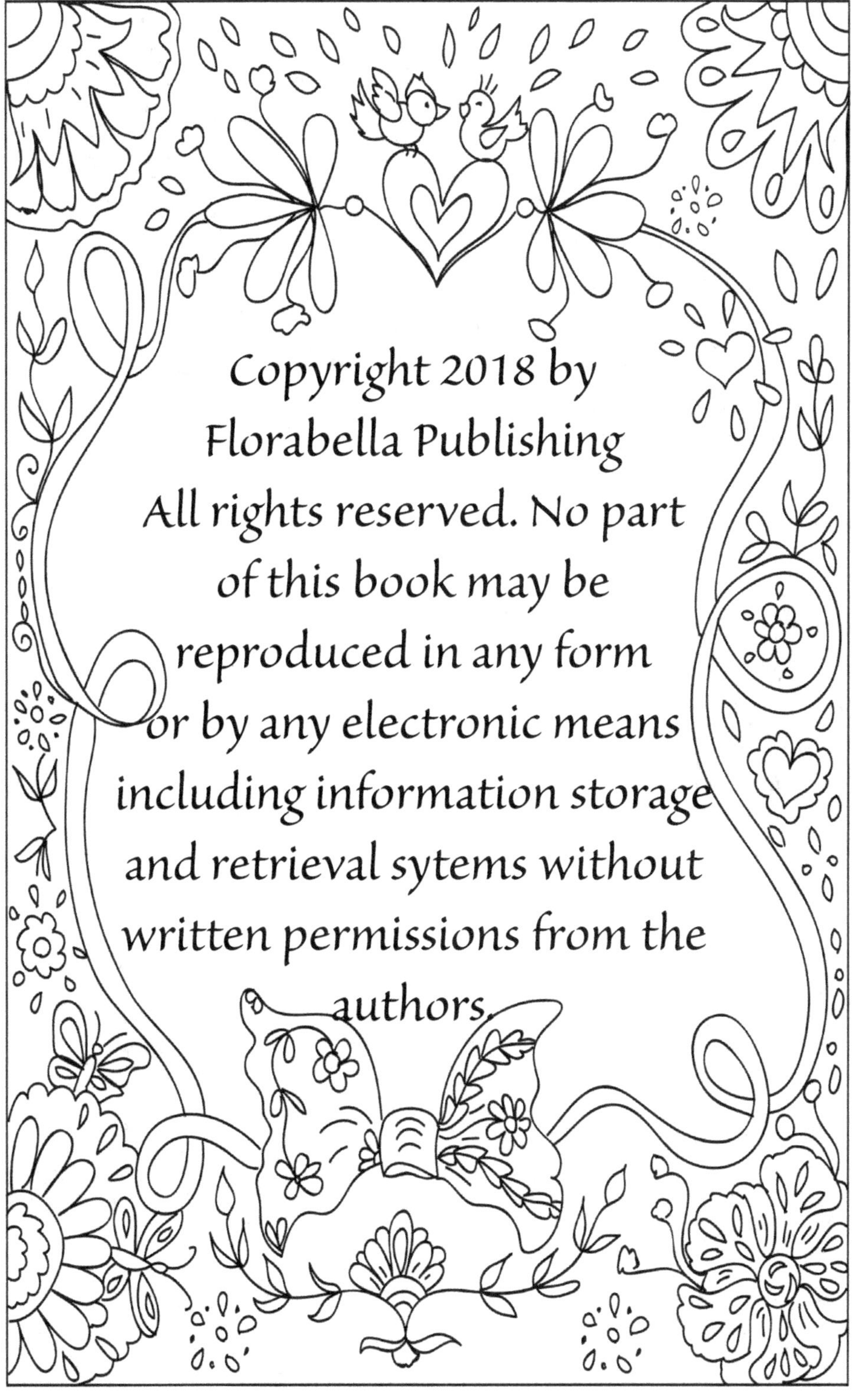

LOVE
From,